ÉTUDE

SUR

TOURANE ET LA COCHINCHINE

ARGENTEUIL.— Imprimerie Worms et Cie.

ÉTUDE

SUR

TOURANE

ET LA

COCHINCHINE

PAR A. GIRARD,

Chevalier de la Légion-d'Honneur.

AVEC DEUX CARTES.

PARIS

LIBRAIRIE MILITAIRE, MARITIME ET POLYTECHNIQUE

J. CORRÉARD

Libraire-éditeur, et libraire-commissionnaire,

RUE SAINT-ANDRÉ-DES-ARTS, 58.

1859.

Droit de reproduction réservé.

ÉTUDE

SUR

TOURANE ET LA COCHINCHINE

Par **A. GIRARD**,

Chevalier de la Légion-d'Honneur.

Description géographique.

La Cochinchine ou empire d'Annam est comprise sous la zône torride entre le 9e et le 23e degré de latitude Nord ; le double de l'étendue en latitude de la France ; sa longitude est comprise entre le 100e et le 108e degré Est du méridien de Paris ; néanmoins la forme concave et recourbée des limites de l'empire donne entre le 16e et le 20e degré de latitude une largeur moyenne équivalente à un degré de longitude.

Les limites sont au Nord le céleste empire de la Chine ; à l'Est et au Sud l'océan Indien, sous les noms de golfe de Tonquin et mer de la Chine ; à l'Ouest le royaume de Siam et la partie méridionale Est du golfe de ce nom.

L'empire d'Annam est formé de la réunion de trois royaumes principaux : 1° au Sud, le Tsiampa et une partie du Camboge, avec vice-royauté, capitale Saigon ;

2° Au Centre, la Cochinchine, capitale Hué ou la Cour, résidence de l'Empereur ;

3° Au Nord, le Tonquin, avec vice-royauté, capitale Ketcho.

La population de l'empire est évaluée à environ 18 millions d'âmes.

Une chaîne de montagnes longitudinale, portant vers la partie Nord le nom de montagnes de Laos, parcourt la Cochinchine parallèlement à la côte, du Sud au Nord-Ouest, jusqu'au 20e degré de latitude Nord, où le golfe de Tonquin poursuit sa courbe circulaire vers l'Est.

Cette chaîne, qui sert de limite entre le royaume de Siam d'une part et le Tonquin et la Cochinchine jusqu'à la latitude de Hué d'autre part, divise la contrée en deux versants : Est et Ouest.

Le territoire du versant Est comprend le Tonquin, la Cochinchine proprement dite et le Tsiampa ; les eaux de ce versant vont au golfe de Tonquin et à la mer de Chine ; la principale rivière est le Sang-Koï, ou Pivan, formé de deux branches venant de la Chine, qui arrose Ketcho et se jette dans le golfe de Tonquin par plusieurs embouchures embarrassées de sables et non accessibles aux gros navires. Direction générale du N.-O. au S.-E.

D'autres rivières, non navigables, telles que la rivière du Roi passant à Hué; la rivière de Tourane; celles de Fay-Fo, de Quandgnay, de Typhou, de Phuyen et de Gnatrang, forment des cours d'eau très-secondaires, venant de la chaîne longitudinale éloignée de la distance d'un degré de la côte; elles ont seulement des mouillages vers leur embouchure et ne peuvent être remontées.

Le versant Ouest donne toutes ses eaux au bassin du fleuve le Camboge ou rivière de Saigon dont la direction est du Nord au Sud-Est. La partie supérieure de ce bassin appartient à la Chine, la partie centrale, au royaume de Siam et la partie basse, formée d'une partie du royaume de Camboge, à l'empire d'Annam. La rivière de Saigon est réunie vers cette ville aux bouches du Camboge se jetant dans la baie de St-Jacques et dans le golfe de Siam.

La partie montagneuse occupe un douzième du territoire. La plaine embrasse la partie du

Camboge réunie, la basse Cochinchine et le Tonquin. Elle se divise en haute et basse : la plaine haute ne s'élève que de 6 à 7 mètres au-dessus de la mer ; la plaine basse, marécageuse, souvent inondée, longe la mer, elle renferme des rizières.

Le Tonquin n'est qu'une vaste plaine arrosée par des rivières, des ruisseaux et des canaux qui y entretiennent la fertilité.

Étude de la côte entre Hué et Saigon.

Les mouillages sont nombreux entre Hué et Saigon ; mais un fait caractéristique, c'est que les places fortifiées de cette contrée, à l'exception des trois petits forts de la baie de Tourane, sont situées dans l'intérieur des terres et partant à l'abri des attaques des vaisseaux.

Les guerres intestines, de longue durée dans ce pays, ont conduit les souverains à se fortifier seulement dans l'intérieur de leur territoire.

Un premier mouillage, en descendant du Nord vers le Sud, se trouve à l'embouchure de la rivière du Roi. Le lit de cette rivière, entre Hué et la mer, est embarrassé d'îlots.

Hué ou la Cour (16o 30′ L. N., 105o 4′ long. E.,

à environ 3 lieues de de la mer), capitale de l'empire, est située sur la rive gauche de la rivière du Roi, qui l'entoure aux trois quarts et lui sert de défense. La partie ouverte sur la campagne, vers le Nord, est défendue par une enceinte bastionnée, construite, ainsi que la plupart des forts et forteresses, sous la direction des officiers français qui aidèrent Gya-Long à reconquérir l'ancien empire d'Annam. On évalue l'enceinte fortifiée de Hué à un développement de [3 kilomètres, pouvant recevoir 1200 pièces d'artillerie ; la population de la ville est de 40,000 âmes.

Entre les dunes, le long de la mer et la plaine de Hué, se trouve une chaîne ou massif de montagnes s'étendant jusqu'à la baie de Tourane. Vers le milieu de ce massif se trouve le cap Choumai, ayant au Nord un mouillage marqué sur la carte de Doyat. La baie de Tourane a dans le cours de la présente étude une mention particulière développée.

Au Sud de Tourane et de la presqu'île de Thien-Tcha, le rivage est formé de plaines sablonneuses jusqu'au Sud de la rivière, qui baigne sur sa rive gauche la forteresse de Fay-Fo, située elle-même à deux lieues et demie de la mer.

Du fort Fay-Fo au port de Quinhone la côte

est montueuse et renferme comme accidents remarquables, en face de Fay-Fo, l'île et le port de Cham-Collao; la baie ou port d'Hiquik, compris entre les caps Hapoix et Bantam; le cap Batangan et au-dessous l'embouchure de la rivière de Quangnay, formant mouillage abrité par le cap de ce nom; puis le cap Tamquam, abritant l'embouchure de la rivière de Typhou, ayant l'île de la Tortue en face et formant mouillage. — Les caps ou île Voun-Moë et Nuoe-Not, ayant en face l'île aux Bufles et formant baie; les ilots Juan-Prieto, prolongeant cette même baie au sud et la presqu'île allongée du cap Sanho fermant le beau port naturel de Quinhone, à 13° 5' L. N. La plage de Quinhone paraît être une plaine dont la partie nord est abritée par une forte montagne.

Au sud de Quinhone jusqu'au cap St-Jacques, vers les bouches du Camboge ou rivière de Sai gon, la côte est presque partout montueuse et forme une continuité de baies qui sont les îles de Datte, de Pulo Cambire, (rapprochées de la côte).

Le port de Coumong, la pointe Gainba, le port de Xuanday, l'île Maigna, la grande baie de Phuyen, abritée au sud par les îles de Pierre-

Percée et le cap Varelle; la baie de Hone-Gome, formée par le cap Varelle au Nord et la longue presqu'île des Trois-Rois, laquelle presqu'île ferme à son tour avec d'autres îlots le vaste port de Hone-Cohé.

Une multitude d'îles et de caps forment la grande baie de Gnatrang; la ville fortifiée est située à près de trois lieues dans les terres, sur la rive droite de la rivière de ce nom. Immédiatement après viennent : la longue presqu'île qui abrite le port de Campaigne, puis les deux baies du cap Pandaran, celles de Phanry-Muigno, de Phuyai, de Britto et celles comprises entre les caps Bakeck, Tiwouan, St-Jacques et l'embouchure de la rivière de St-Jacques; laquelle rivière peut être remontée par les gros navires jusqu'au port fortifié de Saigon situé à quinze lieues dans les terres.

De Saigon jusqu'à Cancao, le pays a été seulement parcouru par M. Doyat, qui l'accuse sur sa carte classée au dépôt de la marine.

On trouve dans l'intérieur des terres, entre-coupées par les bouches inextricables du fleuve Camboge ou rivière de Saigon, la position fortifiée de Mitho.

Sur la carte ou éloignées de moins d'un degré

sont des îles et des groupes d'îles dont les plus remarquables sont les îles Phu-Cuotte, dans le golfe de Siam, les îles Condor, les Deux-Frères, etc.

Notice historique sur l'empire d'Annam (1).

L'œuvre des missionnaires avait devancé dans ces contrées les relations de la politique et du commerce avec les nations européennes. Le jésuite Alexandre de Rhodes blâme, en 1621, ses confrères les missionnaires exigeant que les néophytes se fissent couper les cheveux ; « l'évangile retranche les erreurs de l'esprit et non les cheveux de la tête. » Il rapporta de la Cochinchine la tête de l'un de ses confrères, nommé André, que l'on compte comme premier martyr dans ce pays.

Dampier parle de deux évêques qu'il vit au Tonquin en 1688. La Kotchin-Tsina (Chine de l'Ouest), formait avec le Tonquin l'empire d'Annam, démembré vers le XIIIe siècle.

(1) Tirée en substance des publications remarquables de M. Casimir Henricy (au *National* vers 1840), et de M. Chaigneau, fils aîné du Mandarin (*Constitutionnel* du 23 novembre 1858.)

Sur la fin du XVIIᵉ siècle, l'empire d'Annam était divisé, savoir : le royaume de Tonquin à part sous la famille, Lé et la Cochinchine divisée en sept provinces principales portant les noms des principales villes, telles que Hué, Quinhone, Gnatrang, Saigon, Camboge, etc.

Le roi de Cochinchine avait le titre héréditaire de *Chua* dans le Tonquin; dignité et puissance assez analogues à celles des maires du palais sous les derniers rois Mérovingiens.

L'aïeul de l'empereur Gya-Long, de l'ancienne famille des Nguyen, roi de la Cochinchine, laissa une fille et un fils; ce dernier devait hériter du royaume de Cochinchine et du titre de *Chua* du Tonquin. Son beau-frère, grand du Tonquin, nommé Trinch, s'empara de la dignité de *Chua* vers 1774. Le roi de Cochinchine laissa plusieurs fils, qui se disputèrent le pouvoir à main armée et commirent crimes sur crimes pour se l'arracher.

L'histoire des rois Mérovingiens au VIᵉ siècle offre un exemple en parallèle. Au bout de ces luttes, Gya-Long, le dernier survivant des Nguyen, fut proclamé roi.

Trois ambitieux Cochinchinois avaient profité des désordres régnant dans la famille royale des

Nguyen pour se partager la Cochinchine et le Tonquin.

Quand-Trung, l'un d'eux, s'était rendu au Tonquin, s'était fait passer pour un Nguyen, avait combattu et fait égorger Trinch, épousé la fille du roi de Tonquin et détrôné dans ce dernier la famille Lé.

Les deux autres conjurés chassèrent Gya-Long de Hué, et, le plus rusé des deux, Tai-Son, s'empara du pouvoir royal et fit de Gya-Long un fugitif en le forçant de quitter Saigon, capitale du Tsiampa et du Camboge. Gya-Long se retira à Siam, puis dans l'île de Phu-Cuotte (en face de Carcao, à 10°, 10' L. N. et 100°, 45' L. E.), où il se fortifia.

Un Français d'un rare mérite, le célèbre évêque d'Adran, dévoué à la famille des Nguyen, avait essayé inutilement une démonstration devant le port de Quinhone à l'aide de quelques bâtiments portugais.

Intervention de la France.

Vers cette époque, le bailli de Suffren, d'Orvilliers et d'Estaing avaient récemment, par leurs exploits dans les Indes, porté le renom glorieux de la France jusque dans ces pays reculés. Gya-Long céda à la requête de l'évêque d'Adran et l'envoya en France avec le prince son fils pour réclamer l'appui de cette nation généreuse.

L'évêque et le prince arrivèrent à Versailles en 1787, dans cette cour brillante où neuf ans auparavant, en 1788, la présence de l'illustre Franklin avait entraîné d'enthousiasme l'expédition qui devait contribuer à l'affranchissement des Etats-Unis d'Amérique.

Les ministres de Vergennes et de Montmorin firent signer, le 28 novembre 1787, au roi Louis XVI, un traité par lequel, moyennant la cession de la baie de Tourane et dépendances d'une profondeur territoriale de 30 kilomètres, 7 *lieues*, (journal le *Monde illustré* du 27 novembre). La France fournirait à Gya-Long : vingt vaisseaux de guerre, sept régiments dont cinq d'Européens et deux de troupes coloniales, et un million de piastres, dont la moitié payable en poudres, canons et armes de toute espèce.

Le roi de Cochinchine devait mettre en retour soixante mille hommes à notre disposition. La flotte portant l'expédition arriva à Pondichéry sur la fin de 1788; des raisons politiques restées ignorées (le déficit des finances ou le pressenti-

ment des événements terribles et de longue durée)
qui devaient se dénouer en France et en Europe)
la firent rappeler.

Efforts de l'évêque d'Adran et de quelques officiers français.

L'évêque d'Adran, muni du traité du 28 novembre 1787, parvint à fréter dans l'Inde plusieurs
bâtiments de commerce de notre nation, et à
engager dans son expédition une vingtaine d'officiers et de marins français. Cet engagement
dut avoir lieu à la connaissance et sous l'appro-
bation des autorités françaises dans l'Inde. Cette
réserve doit trouver place ici pour établir que
ces hommes dévoués ne crurent point cesser de
servir la France, dont ils firent prévaloir, durant
toute leur vie, dans ces pays lointains et inexplo-
rés, la dignité et la grandeur.

Une frégate de vingt canons, commandée par
M. de Rosilly, reconduisit en Cochinchine l'é-
vêque d'Adran et le prince, fils et héritier pré-
somptif de Gya-Long. La frégate fut suivie des
navires frétés portant sans doute les volontaires
français.

L'histoire doit enregistrer avec orgueil les noms

de ceux de ces enfants de la France qui lui sont parvenus sur le bruit d'une renommée lointaine justement acquise. C'étaient, parmi eux, MM. Dayot, à qui l'on doit l'étude hydrographique des côtes de la Cochinchine, classée au Dépôt de la marine, Chaigneau, Barisy, Vannier et de Forsant.

Ces braves officiers et leurs compagnons devaient, en quelques années, faire recouvrer à Gya-Long son royaume de Cochinchine, y ajouter le royaume de Tonquin, et reconstituer définitivement enfin l'ancien empire d'Annam, démembré depuis le XIII° siècle.

Ils firent ce qu'avaient fait plus rapidement les quarante chevaliers normands qui, au XI° siècle, conquirent le royaume de Naples sur les Sarrasins.

Ils crurent, eux, plus modestes conquérants, et en cela ils restèrent dans le sentiment du beau et du vrai, ils crurent travailler à l'accomplissement du traité passé avec la mère-patrie, avec laquelle toutes communications devaient être interrompues pour longtemps, et ils réussirent, à force de persévérance, de courage et de dévouement. Honneur et gloire à eux!

Jamais, dans leur intime conviction, ils n'eu-

rent la pensée de faire partie d'une expédition
aventureuse et risquée dans le but mesquin d'arri-
ver à une position personnelle entourée de gran-
deurs et de dignités.

L'exemple de MM. Chaigneau et Vannier, revenus, eux les derniers, de ce lointain pays qu'ils
avaient contribué à régénérer sous le règne de
Gya-Long, est là pour prouver que ces hommes
de cœur ne se déterminèrent à un retour défini-
tif, vers 1825, qu'après avoir désespéré de la
politique du successeur de Gya-Long, politique
inhumaine et incompatible avec la dignité de
la France, que nos illustres concitoyens avaient
maintenue intacte. Encore une fois, et toujours,
honneur et gloire à eux!

Reprise des affaires de Gya-Long.

Au bruit du retour de son fils, Gya-Long avait
quitté son île de Phu-Cuotte pour recommencre
les hostilités, et était rentré dans Saigon, où l'é-
vêque d'Adran, son fils et les volontaires français vinrent le rejoindre.

Comme le fait observer, très-judicieusement,
M. Chaigneau fils, dans le *Constitutionnel* du
25 novembre, il y eut un revirement dans les

esprits, produit par la croyance que la frégate commandée par M. de Rosilly, et les navires frétés, n'étaient que l'avant-garde de la grande expédition annoncée. Ce bruit, favorable à la cause de Gya-Long, fut habilement répandu et entretenu. D'ailleurs, M. de Rosilly opéra, le long de la côte, des travaux hydrographiques, revenus au Dépôt de la marine; et l'apparition probablement fréquente d'une frégate de vingt canons, portant le pavillon de la France, devant les baies et les ports nombreux de la côte, était bien de nature à frapper les imaginations, et très-propre à entretenir ces bruits, grossissant toujours dès qu'ils sont colportés, surtout si l'on veut bien se rendre compte que les Cochinchinois n'avaient jamais eu aucun vaisseau en propre, et qu'il n'existe aucune ville importante située sur les rivages baignés par la mer.

Les officiers français dressèrent des soldats, qu'ils formèrent et organisèrent comme une armée européenne; plus tard, ils créèrent une marine. L'offensive fut partout reprise, et, après dix années de combats, vers 1800, Gya-Long put se reposer à Hué, où l'usurpateur Tai-Son fut pris et écartelé.

L'évêque d'Adran, dont M. Chaigneau fils fixe

la mort vers 1800, avait empêché partout l'effusion inutile du sang humain, en habituant Gya-Long à la clémence envers les vaincus. Homme de D.eu et homme d'Etat, sa perte fut considérée comme un malheur public ; son mausolée, situé à une lieue de Hué, est resté un lieu de piété et de vénération.

Le Tonquin fut subjugué, puis le Camboge cochinchinois, ainsi que les tribus vagabondes des montagnes de Laos. L'ancien empire d'Annam se trouva reconstitué de fait, et Gya-Long prit le titre d'empereur de la Cochinchine.

Travaux exécutés.

Hué ou la Cour, capitale de l'empire (40,000 habitants), fut fortifiée à l'européenne par une muraille épaisse pouvant recevoir 1200 canons, et bordée en outre d'un fossé large et profond. La ville fut encore protégée par une bonne citadelle. Casernes, magasins, arsenaux, fonderies de canons, manufactures d'armes, écoles militaires, routes, canaux d'irrigations, etc., furent créés. Des navires français, bien accueillis, purent apporter à Tourane des armes, des étoffes et des denrées en échange de piastres, soies, sucres et riz. Un navire bordelais, échoué, servit de modèle pour la construction d'un trois-mâts.

Les autres places détaillées à la description des côtes furent également fortifiées, d'après le système de Vauban.

L'œuvre de l'évêque d'Adran lui avait survécu. Les Cochinchinois embrassaient la foi chrétienne par milliers à la fois; des églises s'élevaient en face des pagodes. La tolérance religieuse subsista dans l'empire pendant tout le règne de Gya-Long.

MM. Dayot (1), Chaigneau et Vannier furent faits grands mandarins et adoptés par la famille impériale, qui ajouta à leurs titres le nom dynastique des Nguyen.

Tentative de réouverture de relations de la part de la France.

La cessation des communications maritimes, sous la république et sous le premier empire, n'avait eu de trêve que du 25 mars 1802 à mai 1803, entre la conclusion et la rupture du traité d'Amiens. L'interruption avait duré, de fait, de 1788 à 1816, vingt-huit ans. En 1816, au com-

---

(1) M. Dayot se noya en voulant terminer l'étude hydrographique des côtes du Camboge.

mencement de la deuxième restauration, on cher-
cha à renouer par des opérations commer-
ciales. MM. Balguerie et Sargot, de Bordeaux,
envoyèrent une première cargaison en 1817, laquelle [fut suivie, en 1819, de l'expédition des
trois-mâts *la Rose* et *le Henri*. Ces navires mouil-
lèrent à Tourane. M. Chaigneau prit passage,
avec sa famille, sur le *Henri*, et vint à Paris, où
il [fut reçu en audience par le roi Louis XVIII,
qui l'engagea à retourner à Hué pour y conti-
nuer son rôle de dévouement envers la France.

Durant l'absence de M. Chaigneau, la frégate
la *Cybèle*, de 40 canons, commandée par M. de
Kergariou, qui avait mission de renouer et de
faire accepter, s'il était possible, le traité du 28
novembre 1787, parut devant Tourane.

L'empereur Gya-Long touchait à sa fin, il n'a-
vait en ce moment auprès de lui aucun des officiers français ; le prince, son fils, signataire du
traité, était mort, et sa progéniture s'était éteinte.
L'empereur, conseillé dans un sens opposé aux
intérêts de nos relations, refusa de ratifier le
traité en alléguant qu'il avait donné une patrie
aux Français qui lui avaient individuellement
rendu de grands services.

En fait, le traité de 1787, dont l'évêque d'Adran et le fils de Gya-Long étaient porteurs à leur retour dans l'Inde avait donné l'appui moral et par suite le crédit de fréter des navires du commerce français. La frégate de 20 canons, commandée par M. de Rosilly et les bâtiments de commerce qui la suivirent portaient bien à Gya-Long l'appui moral et en quelque sorte visible pour tous, du drapeau de la France, et c'était par le secours direct de cette nation et les services approuvés de quelques officiers français, portant bien haut le sentiment de leur nationalité, que Gya-Long avait recouvré non-seulement son royaume, mais reconstitué encore l'ancien empire d'Annam.

La *Cybèle* devait être le dernier navire de guerre bien amicalement accueilli en Cochinchine... La frégate *la Thétys* et la corvette *l'Espérance* furent froidement reçues vers le milieu de 1820.

M. Chaigneau repartit de France sur le navire bordelais le *la Rose*, muni du titre de consul et de commissaire du roi en Cochinchine, où il arriva sur la fin de 1820... Gya-Long était mort pendant son absence, et Ming-Mang, son fils narel et son successeur, choisi au détriment de deux princes légitimes, avait opéré un revirement complet dans la politique de son père en se rattachant aux Chinois de préférence aux Européens. M. Chaigneau eut à lutter contre une politique astucieuse, au fond malveillante, et sut maintenir, jusqu'en 1825, intacte la dignité de la France dont il était officiellement le représentant. A cette époque il quitta la Cochinchine; M. Vannier suivit son exemple : à leur départ, tout espoir de conserver des relations amicales était perdu.

Dans sa campagne autour du monde, en 1830, la frégate *la Favorite*, commandée par le capitaine de frégate Laplace, recueillit l'équipage du *Saint-Michel*, bâtiment marchand, ayant conduit M. Chaigneau fils qui, né lui-même en Cochinchine, avait tenté avec un dévouement louable et toujours persistant, de renouer nos relations avec cet empire. M. Chaigneau fils se retira à Manille (îles Philippines), auprès du consul de France, M. Adolphe Barrot (Casimir-Henricy, *National*).

La *Favorite* a rapporté le plan de la baie de Tourane, levé par MM. de Boissieu et É. Pâris, enseignes de vaisseau ; c'est sur ce plan que nous avons relevé le croquis réduit à 1/16, qui figure comme planche à la fin de ce travail.

Persécutions.

L'empereur Ming-Mang passait pour l'homme le plus lettré de ses États, et c'est sans doute à cette considération qu'il dut d'être choisi par son prédécesseur Gya-Long. Ming-Mang reçut le titre honorifique de vice-roi du Céleste-Empire que lui décerna l'empereur de la Chine. Il fut long-temps retenu dans une politique douce en apparence, par le mandarin Taquam, vice-roi du Tsiampa, ancien favori de Gya-Long, lequel Taquam mourut en 1832.

Le 6 janvier 1833, l'empereur lança un décret de persécution générale contre les chrétiens, portant que : « les mandarins feront exterminer les » prêtres, détruire les églises, et tous ceux qui » professent cette abominable religion seront » traités avec une extrême rigueur, afin qu'elle » soit tout à fait détruite. Tels sont mes ordres. » Ming-Mang. »

La Cochinchine comptait 80,000 chrétiens; 400 églises et autant de couvents ou autres édifices religieux furent détruits; avec le Tonquin la persécution atteignit près de 200,000 individus.

Un procès fut intenté à la mémoire du mandarin Taquam. Koi, ami de Taquam, le vengea en

1833 et s'empara de Saigon dont il fit massacrer les mandarins. Koi fut défait en 1835 avec 1,200 des siens, qui furent passés au fil de l'épée dans Saigon.

La fin du règne de Ming-Mang, dans la période de 1833 à 1841, offre une ère de persécutions, de longue durée : elle est, pour l'histoire comme un catalogue de martyrs, parmi lesquels se trouvent compris des Européens; ainsi : MM. Cormay et Borie, évêque d'Acanthe et vicaire apostolique du Tonquin Oriental; trois missionnaires français, sortis du séminaire des missions étrangères, et cinq dominicains espagnols ont été décapités.

M. Gagelin a été étranglé, M. Jaccard a eu le même sort après avoir subi 5 ans d'emprisonnement; d'autres ont été mis à la torture, bâtonnés, enfermés dans des cachots, où la plupart ont succombé. En 1835, M. Marchand, Français, de la congrégation des missions étrangères, a été incarcéré dans Saigon, puis tenaillé avec des fers rouges et dépécé tout vivant (*Siècle*).

Thicou-Try, successeur de Ming-Mang, continua l'œuvre de persécution. En 1845, l'amiral Cécile, commandant alors *l'Erigone*, fut envoyé en mission à Tourane; son rapport fit connaître, dit *le Constitutionnel*, la politique inhumaine de Thiccu-Try. Cette politique a été suivie par l'empereur actuel Tu-Duc qui, depuis 1851, a fait trancher la tête aux évêques espagnols Diaz et Melchior, et aux missionnaires français Schœffler et Bonnard.

Cette politique atroce et soutenue a porté les gouvernements de France et d'Espagne à faire cesser, au nom de la civilisation et de l'humanité, un état de choses aussi intolérable que cruel.

Le 1ᵉʳ septembre 1858, le contre-amiral Rigault de Genouilly, commandant les forces maritimes et de débarquement de l'expédition franco-espagnole, a déclaré les baies et ports de Tourane et de Cham-Collao en état de blocus.

Le deux septembre, les troupes franco-espagnoles emportèrent sans coup férir, et presque sans résistance, les deux forts et la ville de Tourane. Les drapeaux des deux nations alliées furent arborés sur les forts où flottait peu d'instants auparavant le pavillon jaune avec bordure verte des Cochinchinois. Le vice-amiral Rigault de Genouilly prit possession, au nom de la France, de la baie et du territoire de Tourane.

Des nouvelles postérieures, non confirmées

encore officiellement, ont annoncé la prise de
Jeupo et du fort Jourou armé de 200 canons.
Ces deux positions ne sont point indiquées sur
la carte, à moins que le fort Jouron soit celui
situé sur une pointe mamelonée s'avançant dans
la baie à l'est, et à droite de la route de Tourane à Hué, à l'entrée des montagnes.

Le journal *le Moniteur de l'armée,* du 5 décembre, relate que les troupes alliées aperçoivent des
hauteurs des troupes cochinchinoises, manœu-
vrant à distance, et d'après la tactique des Européens : l'infanterie est pourvue de fusils, les cavaliers n'ont qu'une lance.

Le discours de la reine d'Espagne, à l'ouverture des Cortès, le 1er décembre, fait mention,
dans un paragraphe spécial, de l'expédition
franco-espagnole de Cochinchine.

Tourane, la baie, la ville et les habitants.

La position de Tourane est à 16° 5′ L. N. et à
105° 5′ L. E. méridien de Paris.

L'ouverture de la baie a lieu dans la direction
N. E. Elle est comprise entre l'île de Collao-Han
et la pointe appelée Cap-Nord de la presqu'île
montueuse et boisée de Thien-Tcha. Cette ouver-

ture a une largeur de 5 milles marins, soit environ 7 kilomètres.

La profondeur est évaluée à 9 milles (13,538 mètres). La surface, en supposant la forme circulaire de la baie équivalente à un cercle de 2 milles de rayon, serait de 2,400 hectares.

D'après la relation de M. Casimir Henricy, la frégate l'*Arthémise* jeta l'ancre, le 15 août 1838, près de la petite île de l'Observatoire, mouillage ordinaire des gros navires. De cette position la pleine mer était cachée aux yeux des observateurs ; le pourtour verdoyant de la plage et le calme parfait des eaux produisaient la baie sous l'aspect d'un lac tranquille.

Au sud, au fond de la baie, se trouve une large plaine aboutissant à gauche, vers l'ouest, à la presqu'île et à la mer ; à droite s'élève une chaîne de montagnes s'étendant à perte de vue parallélement à la côte.

Cette chaîne et l'île de Collao-Han abritent la baie des moussons qui s'élèvent dans ces parages d'octobre à février ; la presqu'île de Thien-Tcha l'abrite également des moussons qui soufflent en sens contraire d'avril à août.

Au milieu de la plaine, s'élève la ville de Tourane sur les bords de la petite rivière, dont l'entrée est défendue par les deux petits forts enlevés aux Cochinchinois le 2 septembre 1858.

Les maisons de Tourane consistent en masures bâties en torchis ou terre et bambous entrelacés.

L'espace entre la ville et la montagne est cultivé et entrecoupé de canaux ; on y trouve quelques arbres fruitiers de la Chine et de l'Inde. Du côté de la mer, vers l'ouest, jusqu'au fort et à la rivière de Fay-Fo, à 7' de latitude plus au sud, d'après la carte de Dayot, la plaine paraît plate et sablonneuse ; à huit milles de la baie (35 kilomètres) se trouvent les montagnes de *Marbre* formées de cinq rochers distincts, dans l'un desquels se trouve une pagode.

Toujours, d'après la même relation, les occidentaux avaient beaucoup de peine à se procurer des vivres frais, par l'intermédiaire de l'autorité locale, le mandarin. La vente se pratiquait ainsi : le producteur amenait son bétail, l'étranger payait et le mandarin retenait une grosse partie du paiement.

Il existe deux espèces de mandarins, le mandarin lettré, chargé de l'administration civile, de la justice et des impôts, et le mandarin militaire, gouverneur des provinces, commandant

des armées, commis à la garde des forts et arsenaux, etc. Les deux marchent de pair sur l'ar-
ticle des honneurs et préséances.

Le Cochinchinois est rusé, fripon et immoral,
laborieux, adroit et patient. Le peuple a des
idoles barbouillées de rouge, dans lesquelles on
brûle des morceaux de papier imprégnés d'huile
ardente.

Armée.

Tout Cochinchinois est soldat pendant seize
années, à partir de l'âge de 18 ans. Ses seize ans
terminés, il se trouve pauvre et sans état.

La discipline est entretenue par la bastonnade
ou peine du rotin, laquelle est encourue pour la
moindre faute; elle est exécutoire sur-le-champ;
le soldat reprend son rang aussitôt la punition
subie.

L'équipement du fantassin se compose d'un
chapeau conique étroit, ses longs cheveux mal-
propres sont ramassés sur le derrière de la tête;
d'un pantalon de toile grise grossière descendant
au genou, au dessous la peau est nue; d'une
tunique en laine rouge ornée de parements et de
bandes jaunes.

L'armement ordinaire est une lance longue de quatre mètres, au bout de laquelle est une frange rouge; il s'en échappe une lame en forme de couteau. Ce doit être là la lance des cavaliers, les fantassins ayant actuellement des fusils, dont les arsenaux étaient du reste garnis, au nombre de 40,000, d'après M. Casimir Henricy.

Nous extrayons du *Constitutionnel* du 7 décembre le dénombrement et l'organisation des forces de terre et de mer, donnés par M. Chaigneau.

Forces de terre.

« L'empereur, même en temps de paix, a toujours sur pied, autour de sa personne, une garde de 50,000 hommes indépendamment de quarante régiments distribués en cinq colonnes, ainsi qu'il suit :

1re colonne,	le centre;
2e	l'avant garde;
3e	la droite;
4e	la gauche;
5e	l'arrière garde.

» Chaque colonne est composée de huit régiments, chaque régiment de dix compagnies, chaque compagnie de soixante hommes, en tout 600 hommes par régiment et 4,800 hommes par colonne. Un grand mandarin commande chaque colonne; 1 colonel, 1 lieutenant-colonel, 1 capitaine, 1 lieutenant également par compagnie, forment l'état-major de chaque régiment.

« Un certain nombre d'éléphants est accordé à chaque colonne; mais ce nombre varie. La totalité des éléphants de l'empire s'élève à peu près à 800, dont 150 sont toujours au quartier du roi. Les éléphants sont tous sous les ordres d'un grand mandarin.

« Outre les cinq colonnes mentionnées, l'empereur tient aussi en tout temps sur pied un autre corps de troupes, formé de cinq légions, ayant chacune cinq régiments, organisés et distribués comme ceux des colonnes. Ce sont aussi de grands mandarins qui commandent les légions.

« Il faut ajouter à ces forces les régiments provinciaux, dont le nombre varie suivant les provinces. Dans celle de Saigon on en compte à peu près seize.

« Une grande partie de la garde et des autres troupes ne font pas toujours un service militaire;

les uns et les autres sont le plus souvent employés aux travaux du gouvernement. »

Forces de mer.

« Tous les hommes de la côte sont marins et enrégimentés. L'empereur a toujours près de sa personne six régiments de marins, levés sur les marins de Hué et de Quand-Nam. Il y a de plus dans chaque port un régiment de la même arme.

« L'organisation des troupes de mer ne diffère pas de celle des forces de terre.

Les forces navales de la Cochinchine consistent : 1° en bateaux armés de 16, 18, 20 et 22 canons; 2° en petites galères de 40 à 44 rames, armées de pierriers et sur l'avant d'un canon de 4 à 6 livres de balle; 3° en grandes galères de 50 à 70 rames, avec canons, pierriers, et sur l'avant un canon de 12 à 24 livres de balle.

« On comptait, en 1825, 200 bateaux armés, 500 petites galères et 100 grandes galères. A cette époque, l'empereur ne négligea rien pour mettre sa marine sur un pied encore plus respectable; toutes ses vues, toute son activité avaient pour but d'accroître ses forces.

« Nous avons vu quel est, en temps de paix. le

nombre de troupes que l'empereur tient habi-
tuellement sur pied. Il s'élève à environ 80,000
hommes; mais, en temps de guerre, ce nombre
peut être aisément porté à 200,000 hommes. »

Monnaies.

D'après M. Chaigneau, les monnaies de billon
en cours étaient la *sapèque*, dont il faut 60 pour
faire une *masse*. Dix *masses* font une *quane*. La
quane vaut une demi-piastre et une légère fraction.
Les paiements en argent et en or s'opèrent en
barres ou lingots poinçonnés du contrôle du
mandarin chargé de ce détail.

La barre d'argent vaut 28 *quanes* (14 piastres).

L'once d'argent vaut 2 *quanes*, 8 *masses*.

La valeur de l'or est à celle de l'argent dans
la proportion de 17 à 1.

Gouvernement

L'empereur a des ministres et un conseil. Les
ministres sont au nombre de six : 1° le ministre
des cérémonies; 2° de la chancellerie; 3° de la
guerre; 4° des finances; 5° de la justice; 6° des
bois et forêts, marine et constructions navales et
civiles.

Le conseil se compose de mandarins de première et de deuxième classe, de guerre ou lettrés. Chacun des deux ordres se subdivise en 10 classes de mandarins... Tout délégué par l'empereur pour exercer son autorité, soit au civil soit au militaire est mandarin. Les officiers et les employés supérieurs appartiennent aux premières classes.

La Cochinchine proprement dite est divisée en provinces; le Tonquin en neuf, dont chacune d'elles est administrée par un gouverneur, mandarin de guerre; un gouverneur, mandarin lettré et par un adjoint mandarin lettré. Tous les actes administratifs ou judiciaires se font au nom de ces 3 officiers. En cas de troubles, l'autorité du gouverneur prime sur toutes et devient sans bornes.

Il n'y a que deux classes d'hommes en Cochinchine, le peuple et les nobles mandarins. La noblesse est personnelle et héréditaire. Le fils d'un mandarin de 1re classe ne sera que de 2e. S'il est employé comme mandarin de 2e classe, ses fils seront mandarins de 3e classe, mais s'il n'a pas été employé, ses fils rentreront, après sa mort, dans les rangs du peuple; cependant on peut s'anoblir par des services rendus; sous le règne de Gya-Long, presque tous les grands mandarins militaires avaient été simples soldats.

Impositions.

Trois catégories : 1° *la capitation*, payable par tout individu dès qu'il atteint 19 ans, à raison de 1 *quane* pour le trésor et 1 *mase* pour la perception ;

2° Les *impôts sur les terres* se paient par arpent (36 toises carrées). Les propriétés particulières sont très-restreintes ; celles de la couronne tiennent presque tout ; elles sont affermées aux villages, ceux-ci doivent fournir à chaque soldat un arpent et de plus quelques toises de terrain pour les veuves des militaires. L'impôt sur l'arpent du particulier paie une quane et une masse, un peu plus d'une demi-piastre. L'arpent, propriété de la couronne paie l'impôt en nature ; 3° les *corvées* : les canaux, les routes et travaux publics se font aux frais des villages. Les hommes attachés au service de l'Empereur ne paient aucun impôt.

Conclusion actuelle.

Nous continuerons à mettre nos lecteurs au

courant de l'expédition franco-espagnole en Cochinchine, à mesure que les faits glorieux, à
espérer pour nos armes, se produiront. La prise
de possession de Tourane, au nom de la France,
assurera la fondation peut-être prochaine d'un
établissement colonial durable, lequel tombera
tôt ou tard dans les attributions du ministère de
l'Algérie et des Colonies, ministère d'initiative et
de progrès, dirigé par un prince actif, dont
chacun s'accorde à louer, d'après les mesures
prises, le haut mérite personnel. S. A. I. est encore parfaitement secondée dans ses vues par des
chefs de service importants, habitués et rompus
à la pratique des affaires.

Paris, le 20 décembre 1858.

A. GIRARD.

FIN.